Lya Luft

Secreta mirada

E OUTROS POEMAS

Lya Luft

Secreta mirada

E OUTROS POEMAS

EDITORA RECORD
RIO DE JANEIRO • SÃO PAULO
2005

Cip-Brasil. Catalogação-na-fonte
Sindicato Nacional dos Editores de Livros, RJ.

L975s Luft, Lya, 1938-
Secreta mirada / Lya Luft. – Rio de Janeiro : Record, 2005.

ISBN 85-01-06606-0

1. Poesia brasileira. I. Título.

CDD 869.91
04-3197 CDU 821.134.3(81)-1

Projeto de capa: Evelyn Grumach
Ilustração de capa: Pintura de Lena Bergstein
Preparação de capa: Tatiana Podlubny

Impresso no Brasil

ISBN 85-01-06606-0

PEDIDOS PELO REEMBOLSO POSTAL
Caixa Postal 23.052
Rio de Janeiro, RJ – 20922-970

CÓPIA NÃO AUTORIZADA É CRIME
ABDR
ASSOCIAÇÃO BRASILEIRA DE DIREITOS REPROGRÁFICOS
RESPEITE O DIREITO AUTORAL
EDITORA AFILIADA

Para

Susana e Álvaro
André e Mariel
Eduardo e Carina

que me ensinam o quanto
a vida vale a pena.

SUMÁRIO

APRESENTAÇÃO

Secreta mirada (1997), mais um de meus livros (anteriores a *Perdas & Ganhos*) a ser relançado pela Editora Record, trata sobretudo do mais constante e mais surpreendente sentimento humano: o amor. Fala também de família, e da arte com sua difícil convocação.

Modifiquei um pouco alguns poemas: é fatal, quando se retomam trabalhos de algum tempo atrás. Mas na essência são os mesmos, eu sou a mesma.

Intercalei entre os poemas pequenos textos em prosa, só porque esse jogo me agrada. Às vezes as coisas são mais simples do que se pensa. Não busquem grandes explicações, nem tentem interpretar.

Também incluí, nesta versão da Editora Record, de 2005, poemas do livro *Mulher no palco*, que a partir de agora fica abrangido por esta mirada.

Ordenei tudo quase como se fosse uma história: afinal, sou uma romancista. Não importa se a história é minha, de algum personagem meu, ou apenas se parece com a história de todos nós.

Lya Luft

Porto Alegre, 2005

Secreta mirada

E OUTROS POEMAS

Eu não convoco a arte: ela é que me chama. Sua mão faz um aceno, e corro; sua voz dá um sussurro, e morro.

Nela busco o essencial: um traço, uma vírgula podem ser o pecado da demasia, e mal respiro para não perturbar essa busca do momento exato em que se atinge o ponto certo, o ponto cego — que é o não saber nada, o momento da entrega, a pura intuição. Ali o conhecimento e a técnica, a experiência e a prática se desprendem de nós, e ficamos sozinhos.

E tudo adquire algum significado que nem sempre chegamos a alcançar. Mas certamente ele está à espera de que a gente chegue à necessária simplicidade e despojamento para poder perceber.

1. CANÇÃO DA VOZ EM MIM

O poema abre suas câmaras de sombra:
é o tempo secreto,
vai brotar agora mesmo a palavra exata,
a chave da minha idéia,
a moldura de minha alma desencontrada.
Não sei a forma das palavras
nem o ritmo dos sons, mas o que tenho a dizer
quer nascer de mim e se retorce.

Sento-me diante do silêncio
como junto de meus mais belos sonhos:
meus pés, minhas mãos, os meus cabelos
estão enredados nessa teia.
Quero sair, escapar e esquecer.

Mas o poema insiste
com a mesma sedução da minha infância:
com formas, cores e rumores
da trama de viver e de morrer.

Ao ser interrogada sobre algo que escrevi, uma frase, um personagem, minha primeira reação é perplexidade. É como o momento antes de abrir o cofre, a janela, a porta secreta: vontade de recuar.

Acabo quase sempre confessando que não sei. Mas acho que as pessoas não acreditam nisso.

Então às vezes tento disfarçar, enchendo esse vazio com palavras e gestos que apenas lançam sombras e criam máscaras, mas parecem satisfazer a maioria.

Algumas pessoas sabem que nada disso tem importância. Importa o que não pode ser dito, pois está no espaço branco e se expressa nas entrelinhas.

Mas só os escolhidos entenderão. Esses ficarão para sempre calados.

2. CANÇÃO DA MULHER QUE ESCREVE

Não perguntem pelo meu poema:
nada sei do coração do pássaro
que a música inflama.

Não queiram entender minhas palavras:
não me dissequem, não segurem entre vidros
essas canções, essas asas, essa névoa.
Não queiram me prender como a um inseto
no alfinete da interpretação:
se não podem amar o meu poema, deixem
que seja somente um poema.

(Nem eu ouso erguê-lo entre meus dedos
e perturbar a sua liberdade.)

Cada vez é uma primeira vez.
Mas aquela foi mais primeira do que todas as outras.

3. CANÇÃO DA VEZ PRIMEIRA

Guardei-me para ti como um segredo
que eu mesma não desvendei:
há notas na minha viola
que não toquei,
há praias na minha vida
que não andei.

É preciso que me tomes
além do riso e do olhar
naquilo que não conheço
e adivinhei;
é preciso que me cantes
a canção do que serei
e me cries com teu gesto
que nem sonhei.

Em um convívio longo, vencer a banalidade do cotidiano é quase um milagre; apreciar sem bocejar de tédio o conforto da rotina, o passo conhecido que chega no corredor, o rumor da porta que se abre quando invariavelmente retorna quem tinha saído pela manhã — aventurar-se pelos azares da vida a dois com lealdade e bom humor, é uma vitória difícil e rara.

Ceder sem se dissolver, compreender sem se sujeitar, cuidar sem podar, amar sem querer possuir, e no fim de tudo, olhar para trás e sentir: eu ainda sou eu. Descobrir: *Mas* então isso sou eu, e foi o outro quem me ensinou que eu sou isso — é uma tarefa quase impossível: é na verdade um segundo milagre.*

E se com tudo isso for preservada a alegria, teremos conseguido o terceiro milagre.

4. CANÇÃO DE UM LONGO AMOR

Tão sutilmente em tantos longos anos
foram se trocando sobre os muros
mais que desigualdades, semelhanças,
que aos poucos dois são um, sem que no entanto
deixem de ser plurais:
talvez as asas de um só anjo, inseparáveis.

Presença e solidão foram tecendo a vida:
o filho que se faz, uma árvore plantada,
o tempo gotejando do telhado,
o tédio que ronda e não se instala.
Vontade de partir e de ficar,
beleza reinventada a cada hora para não baixar
o pó do cotidiano desencanto.

Tão fielmente adaptam-se almas destes corpos,
que uma em outra pode se trocar,
sem que alguém de fora o percebesse nunca.

A família, ou o nosso grupo de amores escolhidos, nossa casa ou nosso lugar no mundo, é ali onde, mesmo quando não nos entendem, nos aceitam; mesmo quando não nos aprovam, nos respeitam; mesmo quando não sabem direito o que dizemos ou fazemos, nos querem bem.

5. CANÇÃO DO RECOMEÇO

A casa aonde voltei
depois de muitos anos,
bóia como uma ilha de aguapés na noite,
presa por uma raiz doce e dolorosa
que me define.

Na madrugada caminho pelos quartos
como no fundo do mar
onde essa raiz se finca.
Pelas vidraças, o jardim são algas;
meus filhos dormem como quando
eram meninos,
e suas respirações, como sentimentos,
fundem-se neste bojo.

Este é o meu lugar
aonde voltei depois de tanto tempo,
como quem, misturando peças
dos enigmas mais arcaicos,
montasse laboriosamente o seu quebra-cabeça.

Às vezes antes de morrer, morremos.

Os doentes graves pendem nessa beirada entre vida e morte, e o seu segredo é não sabermos se nos escutam e apenas fingem sua ausência enquanto nós cuidamos deles, lavando seu corpo, alimentando, confortando, como se fossem grandes bebês que nos olham.

Talvez, compadecidos de nós, não falem para nos poupar daquilo que, olhando-nos do outro lado, já nos poderiam dizer.

6. CANÇÃO DO ENFERMO

Um gelo o envolveu, e ele,
antes tranqüilo e bom, agora
é mais um filho que apela
para cuidados essenciais.
Sei que se foi, que paira
num limbo entre a vida e a noite:
mas às vezes o seu verde olhar
— que me iluminava tanto —
repousa em mim, e é como
se me desse recados do seu mundo.

Mesmo se beijo a sua boca inerte,
pego a sua mão tão magra,
digo seu nome pronunciado
em tantos anos,
ele apenas me olha, por um lapso
de segundo devolvido
a mim, outra vez me vendo,
quem sabe ainda uma vez
comigo.

Mas o anjo da morte,
que já encosta
nele a sua asa bela e fria,
novamente o recolhe nesse espaço
onde se afasta de mim sem viajar direito,
onde se vai sem se afastar de todo,
vacilando entre o nosso indagar
e as respostas que ele já percebe
do outro lado.

Perder o que se ama nos faz reavaliar as coisas. Assim como a doença nos leva a apreciar o que antes achávamos trivial, uma dor maior nos mostra o valor de afetos e interesses que até então pareciam naturais.

Reencontrar a alegria é o grande testemunho de como foi importante o que no passado nos iluminava, e nos dá força para, agora, sobrevivermos inteiros ainda que machucados.

Deixar que a sombra da morte escureça definitivamente a nossa vida não é a melhor homenagem a quem se foi. Ao contrário, é celebrar aquela que o roubou de nós.

7. CANÇÃO DA MIRADA SECRETA

Foram-se os amores que tive
ou me tiveram. Partiram
num cortejo iluminado.
A solidão me ensina
a não acreditar na morte,
nem demais na vida: cultivo
o jardim dos dias felizes
onde estamos eu, os sonhos idos,
os velhos amores e os seus recados,
e os olhos deles que ainda brilham
como pedrinhas de cor
entre as raízes.

A maternidade, à semelhança da arte, é como encostar o ouvido na porta fechada sobre o mistério.

Sentimos ternura e medo quando essa nova criatura domina a nossa vida, inunda os espaços, tolhe a liberdade, colhe os frutos do tempo e da paciência — e no entanto não poderíamos mais viver sem ela.

Passaremos o resto da vida aprendendo como não sermos tão dependentes desse novo ser, aprendendo a torná-lo livre de nós: único, senhor de seu caminho, e dono de suas escolhas.

Porque só assim poderemos inventar um amor que, por não sujeitar, nos reafirma.

8. PRIMEIRA CANÇÃO DOS FILHOS

Susana:

Pareces tão minha,
pérola destas carnes secretas
agora emersa, agora rosto
que vai adquirindo seus traços,
pequena magnólia brotando
no galho do meu amor.

Vens tão entregue, e sei que não és minha:
és do teu futuro que eu não alcançarei inteiro.
Presa no meu abraço eu te sinto voar,
voar com esses pássaros de maio,
num céu de luz e de incertezas sobre nós.

(*maio 1965*)

9. SEGUNDA CANÇÃO DOS FILHOS

André:

Dorme filho meu, que eu te contemplo.
Dorme fragilidade que assusta,
espelho onde me revejo,
corpo feito da minha carne obscura
com os olhos azuis da minha infância,
caminho dos teus próprios passos
para longe dos meus.

Dorme filho meu,
vaso onde tantas vidas convergiram,
centro da minha ternura, assombro
de pressentir a tua liberdade
num círculo tão maior do que os meus braços.
Dorme e inventa o teu futuro
enquanto eu vou me transformando
em teu passado.

(*abril 1966*)

10. TERCEIRA CANÇÃO DOS FILHOS

Eduardo:

O terceiro anjo espia entre meus galhos,
meu corpo feito árvore, madeira de barco.
Anjo esperado, logo um homem,
dramaticamente um homem, mas meu filho.

Meu corpo é teu chão, meu sangue é teu pasto,
teu olho escuro me interroga como se soubesses
muito mais coisas do que eu.
Não tenho respostas: tenho, como tu,
estranheza e perguntas, cumplicidade
e incerteza, vontade de proteger, e assombro
de pensar que o teu destino inteiro
já está nesta mão pequena
que aperta os meus dedos
como se, em vez de pedir apoio,
tu é que me conduzisses
— enxergando mais longe do que eu.

(*setembro* 1969)

Observo as alternâncias da natureza no meu jardim onde se resumem tantos milagres. Mal se poderia acreditar, há alguns dias ainda, que desse capim banal, desse canteiro escuro, dessa planta fechada sobre si, nasceriam de novo luz, movimento, cor — e tão sedutores desenhos.

Assim como palavras, silêncios, sinais, e materiais variados, até gestos, podem conter, muito mais do que nós mesmos, isso que se chama arte.

11. CANÇÃO DA PALAVRA SECRETA

Que mão se enfia entre minhas raízes,
que paixão me esventra o coração?
Abro caminho na liberdade de uma folha,
e escrevo lentamente a palavra secreta.

E ela,
preguiçosamente, abre-me os braços
esquiva donzela ou feio palhaço.
Uma palavra apenas, no mistério maior
de uma página intacta, ou no emaranhado dos traços:
o nome que não posso pronunciar sem medo,
enquanto invento outros, que resumem
a verdade da vida na mentira que assino.

Ferido pela sua arte, quem está no palco se imola por nós. Tocha acesa na sombra, pastagem estendida em forma de tela colorida ou folha no vento da música, ele abre caminho para a liberdade do nosso sonho.

Saindo do recolhimento do camarim, transposto de sua vida pessoal para o público que o devora, o artista arde por nós, e se consome e se refaz, como uma salamandra sagrada.

Esses que em público cantam, dançam, incorporam outras vidas, ou os que escrevem no palco escondido de suas mesas de trabalho sem que ninguém os veja, esses aqui homenageio como meus irmãos.

12. CANÇÃO PARA A MULHER QUE CANTA

(*para Maria Bethânia, e todos os que vivem sua arte*)

Tu que és pássaro e és fonte,
tua arte feita passo, traço e canto
lança suas redes sobre nós
que em penumbra e espanto
te contemplamos.
Teu fervor desenha uma paisagem
onde seremos deuses, cravada
a tua voz em nossa alma.

No exílio desse palco pairas sobre nós,
diante de nós te acendes:
como faríamos, transidos e encantados,
se tivéssemos a chama que te queima
e esse dom de ser rio
e de ser ponte.

No circo da vida às vezes somos animais treinados, somos trapezistas, domadores e domados. Conhecemos truques e ardis, muitas vezes executamos os passos certos e os gestos quase perfeitos.

Mas viver é um salto sem rede.

13. CANÇÃO DO RENASCIMENTO

Quando me mataram,
meu lado não verteu água nem sangue:
eu me verti de mim por essa fenda,
escorri para a terra, debaixo do gelo,
ausente.
(Alguém sabia que eu estava ali,
e isso era uma voz na noite.)

E se houver um tempo de retorno,
eu volto.
Subirei empurrando a alma com meu sangue,
por labirintos e paradoxos,
até inundar novamente o coração.

(Terei, quem sabe, o mesmo ardor de antigamente.)

Alguém invade a terra, a torre, a ilha onde a gente pensava estar imune ao susto. Somos atropelados pelo inesperado, com o qual não sabemos o que fazer. São dádivas, são bênçãos de deuses que sorriem das nossas trapalhadas, e sabem que é melhor o sobressalto de estar vivo do que o entorpecimento das emoções.

14. CANÇÃO DESSE RUMOR

Quem — estando ausente — entra no quarto,
quem deita ao lado meu, quem passa
no meu coração seus lábios quentes, quem
desperta em mim as feras todas,
quem me rasga e cura,
quem me atrai?

Quem murmura na treva e acende estrelas,
quem me leva em marés de sono e riso,
quem invade meu dia após a noite,
quem vem — estando ausente —
e nunca vai?

Algo se aproxima, alguma coisa nova no pedaço de caminho que vemos pela frente começa a nos intrigar. Saímos do casulo em que andamos enfiados, botamos a cabeça fora para enxergar melhor, mas pode ser apenas uma fantasia.

Alguém — ou alguma coisa — pronuncia nosso nome. A alegria pode ser uma ameaça, e a gente se esconde outra vez com medo de ter-se enganado.

Para que arriscar uma nova perda, um novo machucado onde as velhas feridas ainda nem sararam direito?

Melhor voltar a dormir.

15. CANÇÃO DA ALHEIA PRIMAVERA

Talvez se agite um braço me chamando:
mas tão longe, nem move
as névoas dessa ausência.
Quando achei que era tempo, não era:
quando apanhei a estrela, passava
um vaga-lume qualquer entre meus dedos.

Talvez desça um navio me procurando
mas não quero viagens: sou
um pálido coral numa água morna,
e vagamente aflora um movimento
— mas pode ser a sombra do meu sono.

Talvez haja um amor me inventando,
mas tão vago, nem roça
as beiras da minha praia: concha breve
e encolhida, não vou desenrolar
o meu abraço. Quando achei
que era tempo, não era:
talvez este ondular entre meus ramos
venha de alguma alheia primavera.

Quem nos quiser amar agora terá de vir com calma, terá de vir com jeito. Somos um território protegido por muros de receio.

Quem quiser vir agora terá de ter paciência. Terá de ter sabedoria.

Mas ainda que não tenha nada disso, virá, e vai nos invadir, e vai nos desarrumar, e vamos renascer com esse desconserto.

Pois estávamos fora da realidade, fora do mundo, fora de nós.

A aventura do amor nos devolve a nós mesmos.

16. CANÇÃO DO CALEIDOSCÓPIO

Quando achei que era tempo de sossego,
jorraste nas minha veias
como um vento sagrado, um mar perdido.
Quando esperei que tudo tivesse sido
vivido, sofrido e chorado,
amadureceu esta fruta em meu deserto.

Quando pensei chegar no fim
de todos os corredores,
esta porta se abriu: sei que estás ali
a desenhar paisagens novas,
plantar árvores e deitar rios
onde eu imaginava haver sabedoria
e um corpo apaziguado,
nada mais.

O amor busca uma fusão impossível, pois é o embate de duas solidões: dois senhores, dois reis, cada um eventualmente disposto a fazer-se escravo, mas não podendo abdicar de sua condição sob pena de se tornar invisível, portanto impossível de ser visto e amado.

O repetido drama do ruído entre o que se diz e o que é ouvido, o que se faz e o que é sentido, se desenrola em cada ato de cada cenário de cada amor. Mesmo assim, é o amor que torna a vida possível.

O mesmo sol que pode queimar as retinas, ilumina e aquece — e permite que o mundo seja habitável.

17. CANÇÃO EM CAMPO VASTO

Deixa-me amar-te com ternura, tanto
que nossas solidões se unam,
e cada um falando em sua margem
possa escutar o próprio canto.

Deixa-me amar-te com loucura, ambos
cavalgando mares impossíveis
em frágeis barcos e insuficientes velas,
pois disso se fará a nossa voz.

Ajuda-me a amar-te sem receio:
a solidão é um campo muito vasto
que não se deve atravessar a sós.

A vida tem crueldades, mas também delicadezas que se estendem além da paixão — que, sendo relâmpago e trovão, nem sempre traz a desejada permanência.

Em qualquer relacionamento: amizade, família, trabalho, amor, somos realidades em choque. O aprendizado não é fácil. Aqui e ali, tiramos notas baixas, alguma vez somos reprovados num teste importante.

Aceitar essa reprovação pode levar todo o tempo de uma longa vida.

Queremos o milagre, mais do que o milagre, queremos sempre a salvação. Mesmo quando o chão começa a afundar, e o tapete deslizou sob nossos pés aflitos, teimamos em pensar que ainda há remédio: um pobre band-aid serviria. Ou um passe de mágica que nos tornasse menos expostos, menos humanos.

18. CANÇÃO DA FUGA

Quero uma cartola de mágico,
mas que funcione bem,
para enfiar nela meu coração delirante
e retirar uma engrenagem melhor.
Quero esconder na manga, na bolsa,
nessa cartola encantada,
minha alma falida, a asa quebrada,
tanta contradição.

Preciso de um objeto mais útil:
calculadora de emoção, maquininha de esquecer,
relógio de sonho sem nunca falhar.

(Umas peças de metal enfiadas no peito:
só o essencial, para que a cara
não desabe de todo no chão.)

A vida chegou a um patamar de onde pensamos enxergar tudo o que há para se ver: superamos dores, cumprimos tarefas, tivemos alegria, realizamos coisas impensáveis na juventude.

Talvez a gente nem precise mais entrar em guerra alguma.

Mas o sono da tranqüilidade é enganoso, a sensação de ter enfim chegado é precária, o chão treme debaixo dos nossos pés e nos damos conta de que ainda estamos embarcados.

Há muito mar a percorrer, muita crista de onda, muita paisagem pela frente.

Morrer antes do tempo é um desperdício imperdoável.

19. CANÇÃO EM SEGREDO

Dentro desta mulher,
uma criança
brinca de ciranda na calçada
e tem fome de futuro.
Dentro desta mulher,
uma menina chega à janela
para assistir ao desfile da vida
e se julga imortal.

Dentro desta mulher,
uma guerreira se constrói
depois de parir filhos para o mundo.
Dentro desta mulher
alguém enterra o seu amor perdido
e mesmo assim espera.

Dentro desta mulher,
uma mulher
apenas fingia
ter morrido também.

A vida parece ter chegado a um patamar de onde enxergamos as dores sofridas, as tarefas cumpridas, as realizações ou fracassos que na juventude seriam impensáveis.

Mas nada se aquietou definitivamente: o sono da calmaria é enganoso, e viver é um jardim de possibilidades se não estivermos embotados.

20. CANÇÃO DA ESCUTA

O sonho na prateleira
me olha com seu ar
de boneco quebrado.
Paro diante dele muitas vezes,
e sorrimos um para o outro,
cúmplices de tantos desastres.
Quando o tomo nos braços,
como às bonecas, tão antigamente,
para ver se tem conserto ou fica
onde está,
dentro dele ainda bate
um pequeno tambor obstinado:
e marca, timidamente,
um ritmo paralelo nos meus passos.

Eventualmente saímos da realidade e queremos amar por dois.

Somos excesso, somos demasia, tentamos ignorar a distância sobre o mar das impossibilidades a indicar: naufrágio.

21. CANÇÃO QUASE DUAS

Entre amado e amada
uma parede aérea, vidro
de circunstâncias que a gente inventa
e desfaz.
Entre duas praias quase iguais,
o coração viaja:
eu, farol aceso em cada lado,
sou duas sendo uma
— e assim penso que existo
mais.

Talvez o mar,
mesmo maior que eu,
não faça tanta diferença.

Houve um objeto, houve um desacerto, houve uma dor. Houve um tempo perdido, um tesouro desperdiçado, ou todos os momentos são válidos?

O presente escolhido com imenso cuidado, cheio de símbolos, hoje dorme em alguma gaveta, o amor esfriou, o sonho virou espanto: como foi, o que foi?

Tão plenos desses momentos de despertar é o dia da nossa vida.

22. CANÇÃO DO DESPERDÍCIO

Rosa de amor em filigrana de ouro
na poeira das gavetas onde sopra
tua voz talvez, quando me chamas.

Rosa de uma raiz que não ousamos,
mais real que as aparências deste mundo
onde sofremos viver separados.

Não vale o peso do metal, nem a feitura:
vale a sensualidade destas almas loucas,
vale a vida que passou, soberba,
e não nos lança um olhar sequer.

O amor nos tira o sono, nos tira do sério, tira o tapete de baixo dos nossos pés — mexe com medos aparentemente superados, mas também com insuspeitada generosidade em nós. Sabermos que tantas vezes acaba — e isso é dor — vai complicar a nossa vida.

Mas alguma coisa pode aparecer: amor, projeto, um sonho.

Podemos ter medo e simplesmente dizer não. Mas podemos nos deixar encantar: seremos, para sempre, responsáveis por essa decisão.

23. CANÇÃO DA PEQUENA MELANCOLIA

Um anjo vem todas as noites:
senta-se ao pé de mim e passa
sobre meu coração a asa tensa,
como se fosse o meu melhor amigo.

Esse fantasma que chega e me abraça
(asas cobrindo a ferida do flanco)
é todo o amor que resta entre ti e mim
e está comigo.

A delicadeza é um dos componentes do afeto verdadeiro: saber esperar o lugar, a hora, a limitação do outro. Observar enquanto se constrói a ponte entre ele e sua própria possibilidade de chegar.

24. CANÇÃO DA ESTRELA MURMURANTE

Nós nos amaremos docemente,
nesta luz, neste encanto, neste medo:
nós nos amaremos livremente
no dia marcado pelos deuses.

Nós nos amaremos com verdade
porque estas almas já se conheciam:
nós nos amaremos para sempre
além da concreta realidade.

Nós nos amaremos lindamente,
nós nos amaremos como poucos,
nós nos amaremos
no teu tempo.

Os tolos pensam que a passagem do tempo é pura perda; que só os jovens e os belos têm direito de amar plenamente.

O engano é não entender que a juventude, bela e gloriosa, é também o período de grandes aflições, que muitas vezes nos impõe o amor superficial e apressado, olhando mais para os lados (os outros como estão me vendo?) ou para o espelho (como estarei?) e não para a pessoa amada.

O tempo depura, não destrói.

O tempo é mestre, não carrasco.

A não ser que a gente só saiba olhar para o outro buscando nosso próprio reflexo: aí, sim, o amor nem vale a pena de ser buscado.

Pois seremos apenas embrulho de pele recobrindo carne, e ossos, e vazio.

25. CANÇÃO DA PLENITUDE

Não tenho mais os olhos de menina
nem o corpo adolescente, e a pele
translúcida há muito se manchou.
Há rugas onde havia sedas; sou uma estrutura
agrandada pelos anos e o peso dos fardos
bons ou ruins.
(Carreguei muitos com gosto e alguns com rebeldia.)

O que te posso dar é mais que tudo
o que perdi: dou-te os meus ganhos.
A maturidade, que consegue rir
quando em outros tempos choraria,
busca te agradar quando antigamente queria
apenas ser amada.
Posso dar-te muito mais do que beleza
e juventude agora: esses dourados anos
me ensinaram a amar melhor, com mais paciência
e não menos ardor, a entender-te
se precisas, a aguardar-te quando vais,
a dar-te regaço de amante e colo de amiga,
e sobretudo a força que vem do aprendizado.

Isso te posso dar: um mar antigo e confiável,
cujas marés, mesmo se fogem, retornam;
cujas correntes não levam destroços,
mas levam ao abraço das areias.

Então, sem que a gente percebesse (talvez todos os outros tenham notado) algo mudou. O amor é flor selvagem, que precisa de ar e liberdade para desabrochar. Mas a palavra liberdade é como a soleira de uma porta diante da qual paramos: ninguém a transpõe impunemente.

"Se amas alguém, deixa-o livre", me disseram, depositando nos meus ombros todo o peso do mundo.

26. CANÇÃO EM OUTRAS PALAVRAS

O melhor cuidado com o amor
é deixar que floresça,
pois amor não se cultiva: é flor
selvagem, bela por ser livre.
Como as estações do ano, ele se abre,
dorme, e volta a perfumar a vida.
Amor é dom que se recebe
com ternura, para que não pereça
sua delicadeza em nossa angústia.

O amor não deve encerrar a coisa possuída,
mas ser parapeito de janela, ou cais
de onde se desprendam os revôos
e partam os navios da beleza
para voltar ou não, conforme amarmos:
nem de menos
nem demais.

Em todas as idas e vindas, obscuramente eu sempre sabia: embora tudo mude, nada muda porque tudo permanece aqui dentro, e fala comigo, e me segura no colo quando eu mesma não consigo me sustentar. E depois me solta de novo, para que eu volte a andar pelos meus próprios pés.

A vida é mãe nem sempre carinhosa, mas tem uma vara de condão especial: o mistério com que embrulha todas as coisas, e a algumas deixa invisíveis.

27. CANÇÃO DA IMORTALIDADE

Os filhos que tive são adultos,
com filhos que também tiveram: sangue
e cílios,
jeito de andar, gesto
e gosto pela vida estão nessas carnes que pari.

Através delas olham-me o amado morto, o pai morto,
a avó perdida, e o mistério de tudo
que sempre me assombrou. Rosa de espantos,
catavento de traços espalhados
como num milagre de multiplicação
cheio de surpresas: porque ali
naquele olho azul me encontro,
naquela mão revejo
o meu amado, nesse perfil
algo de mim avança no caminho
— é como eles se verão futuramente,
quando nós formos apenas sombra
na memória.

Então algo mudou: o tom da voz, o olhar que se esquiva, a mão que se afasta.

A porta precisa ser fechada, a ponte levantada, queimados os navios. Levaremos meses, anos estendendo as mãos para um vazio, interrogando uma ausência.

Encarar a realidade é um modo de morrer. Mas sem isso, não haverá renascimento.

28. CANÇÃO DO ESTRANHAMENTO

Baixei as tranças para que viesses,
dei-te a chave para que habitasses
os meus quartos mais secretos.
Mas de repente vejo-te na praia
buscando um horizonte diferente
que nem eu antes disso pressentia.
Quero deixar-te ir, sem desprender-me
de tudo isso que sou e desejaste,
e me dói, e me espanta e me remorde
abrir a mão para o teu sonho alado
sem te cobrar ternuras nem cuidados
com o que conquistaste e já não queres,
que te libertaria mas te algema
e que te inquieta agora, com desejos
de correr, de voar, de estar ausente.

Quero ser o que ainda ontem fomos,
quero ter o que nós dois tivemos,
quero que a realidade se recolha
e permaneça, entre nós, a fantasia.

Há pessoas que parecem nascer mal equipadas para a vida. Mais sensíveis, mais fáceis de magoar, mais incertas de seus caminhos, para elas as escolhas são difíceis e a felicidade inalcançável. Talvez sejam os verdadeiros heróis dos nossos dias.

29. CANÇÃO DE CAIO FERNANDO

Tenho um colo para os desamados,
os lúcidos terríveis loucos
que varam as noites rasgando a alma,
e sentindo na boca o próprio sangue.
Mais, não posso.

Um me escreve cartas lancinantes,
outro quer se matar, outro ainda
está cego de amor e já não quer viver.

Fico diante da lareira toda a noite
olhando o fogo que não devora o mundo:
no fundo, todo o amor é cinza.

Parte da magia de viver (se soubermos parar, olhar, escutar) nos vem da natureza: nuvem, árvore, pedra, silêncio antes da chuva que chega como um animal entre as árvores. Ali, no mato, na casa, no mar ou no aconchego, e sempre no estranhamento, no sagrado e no assustador, estavam os deuses que manobram, amam, protegem ou lançam na aventura de descobrir nosso caminho — e às vezes parecem brincar com os pobres mortais.

30. CANÇÃO À DOURADA SENHORA

Senhora dos Búzios, alta rosa,
nas mãos de ouro o espelho
onde se lê meu destino:
deu-me solidão e amores,
protegeu-me de alguns males
e me avisou de que vinha
um novo amor.
Te botou no meu caminho
quando eu não acreditava,
quer que eu te aguarde ou persiga
e adivinhe tuas dores,
redobre tuas alegrias
como seu gesto mandar.

Mas quando te esquivas e foges,
quando sofres e receias,
ela te põe no meu colo
para eu dar mais do que tenho:
âncora, asas, espada,
e o meu amor serenado
onde possas descansar.

Sempre cultivei a integridade e a honradez. Ser eu mesma, ser verdadeira. Sei, porém, que este rosto meu não é o definitivo, nem é minha esta voz ou esta vida. Por trás da cortina que avistam, desenrola-se meu verdadeiro caminho. Mas dele eu sei tão pouco quanto qualquer um de vós.

31. CANÇÃO MASCARADA

Esta máscara de placidez
tanto me absorveu, que hoje
não há distâncias entre mim e ela:
revela a minha face,
suave e sutil,
que me torna amiga.

Sou ela ou serei eu?
Talvez, por tão antiga,
seja ela o meu rosto, e seja máscara
esse outro perfil
que olha para dentro.

Mansa por fora, dentro uma floresta escura,
poço de paixão, abismo e arremesso.

A liberdade do outro teria de ser mais importante do que a nossa, por ser mais difícil. A medida certa para amar sem podar, e ser amado sem se diminuir. Amar sem resignação: arte complexa. Contraditórios somos, e vamos morrer procurando as respostas, cada dia um aprendizado de solidão.

32. CANTO DA TRANSFORMAÇÃO

No roteiro do sono desço, como um barco
baixa sobre as marés a quilha inerte,
esquecida de ti, lume de um seio
entre a floração sem cor da morte.

Mas o teu nome, amor, belo peixe de vidro,
dança no aquário do meu sono:
o hálito dos medos vãos persegue
suspeitas e memórias pela sala.

E eu, dormindo a girar no traçado tristonho
desta pavana grave ao luar calado,
não te posso ocultar a lágrima pendente
que meu olho verteu, silencioso e fechado.

O amado é um estranho reino onde entro como invasora, e alguma vez, errando o passo, sem querer provoco um tumulto, desarrumo tudo, deixo sinais de tempestade e inquietação.

33. CANÇÃO PARA UM DESENCONTRO

Deixa-me errar alguma vez,
porque também sou isso: incerta e dura,
ansiosa de não te perder,
e frágil.
Deixa-me errar, e me compreende
porque se te faço mal é por querer-te,
desta maneira tola, cada dia
perdida feito criança nos teus territórios,
e nessa escadaria da tua alma.

Deixa-me errar, e não me soltes,
para que eu não me enrede
nos sustos desse amor,
onde ainda espreitam o segredo,
a esperança,
e um gosto inesperado de magia.

O coração, menino de rua que não quer saber de banho, horários, limites e regras, cede para bem de nossos pecados. O que nos salva de morrer antes do tempo é poder achar que a luz do amanhecer nunca foi tão bonita quanto hoje.

34. CANÇÃO ROMÂNTICA

Quando eu morrer (antes de ti) não sei se ainda
vou sentir a tua mão na minha, o fogo
da tua vida fundido com o meu.
Mesmo assim, estejas tu distante numa rota alheia,
sei que estarás comigo nesse instante,
mão na mão, boca na boca, colhendo,
não um último suspiro, mas um beijo
inaugural, a selar esse destino nosso:
livres das coisas banais e das humanas tramas,
seremos, por isso mesmo, imortais.

A vida lança seus dados e nem sempre ganhamos o prêmio; aqui e ali somos duramente reprovados. Vai ser, mais uma vez, hora de tentar curar-se: da dependência emocional, da ilusão, da decepção, ou simplesmente do nosso próprio irremediável romantismo. Que muitas vezes é o que salva a vida.

35. CANÇÃO PENSATIVA

Um toque da solidão, e um dedo
severo me traz à realidade: não depender
dos meus amores, não me enfeitar
demais com sua graça, mas ver
que cada um de nós é um coração sozinho.

Cada um de nós perenemente
é um espelho a se mirar, sabendo
que mesmo se nesse leito frio e branco
um outro amor quer derramar-se em nós,
entre gélido cristal e alma ardente
levantam-se paredes para sempre.

(E para sempre
a amante solidão nos chama e abraça.)

Todo cansaço chega a algum colo; todo olhar encontra um espelho; toda a vida tem significados que cabe a nós mesmos descobrir ou construir.

36. CANÇÃO DO RIO DO MEIO

Um rio jorra entre o porão e o sótão
da nossa vida:
leva dores e amores, nosso último riso
há tanto tempo.
Mas numa curva qualquer, porque ainda respiramos,
tudo pulsa outra vez e brilha de ousadia
sabendo que temos pela frente
algum calor, e um rumor de águas na areia.

Passa no meio de nós, entre o sonho do sótão
e o medo dos porões, o rio da vida:
que me leve para diante ainda uma vez, e muitas,
que venha até mim com sua água turva
ou clara de esperança, toda a audácia e o fervor
que pareciam idos.

Guardamos nas gavetas da memória pedaços de vidro colorido que iluminam nossa cara quando espiamos: são as horas felizes. São os belos momentos, as palavras que foram verdadeiras quando pronunciadas.

Melhor do que chorar porque passaram, é deixar que nos iluminem. Pois merecemos todos os milagres.

37. CANÇÃO EM ROTA DE VÔO

Antes os dias eram apenas os dias:
perdas e ganhos, tarefas cumpridas,
solidão e algumas alegrias.
Agora, objetos familiares
ganham contornos de sonho,
palavras são aves do paraíso,
o cotidiano virou do avesso e se tornou
milagre.

Quero um novo amor, tão leve
como se dançasse numa praia uma menina.

O bom de não sabermos todas as coisas é existir alguém que sabe.

O bom de existir alguém que sabe é não sabermos quem ele é.

O melhor de tudo isso é que mesmo sem entender, encostando o ouvido no lugar certo, mesmo numa noite muito escura, a gente vai escutar suas respostas.

38. ÚLTIMA CANÇÃO

Deus,
eu faço parte do teu gado:
esse que confinas em sonho e paixão
e às vezes em terrível liberdade.
Sou, como todos, marcada neste flanco
pelo susto da beleza, pelo terror da perda
e pela funda chaga dessa arte
em que pretendo segurar o mundo.
No fundo,
Deus,
eu faço parte da manada
que corre para o impossível,
vasto povo desencontrado
a quem tanges, ignoras
ou contornas
com teu olhar absorto.
Deus,
eu faço parte do teu gado
estranhamente humano,
marcado para correr amar morrer
querendo colo, explicação, perdão
e permanência.

Este livro foi composto na tipologia Electra, no corpo 11.5/18,
e impresso em papel pólen bold 90g/m²
no Sistema Cameron da Divisão Gráfica da Distribuidora Record.